Acerca de KUMON

C000055610

¿Qué es Kumon?

Kumon es la empresa líder mundial en educación suplementaria y un líder en la obtención de resultados académicos sobresalientes. Los programas extracurriculares de matemáticas y lectura proporcionados en los centros Kumon alrededor del mundo han contribuido al éxito académico de los (las) niños(as) por más de 50 años.

Los cuadernos de ejercicios de Kumon representan tan sólo una parte de nuestro currículo completo, que incluye materiales desde nivel preescolar hasta nivel universitario, y se enseña en nuestros Centros Kumon bajo la supervisión de nuestros(as) instructores(as) capacitados(as).

El método Kumon permite que cada niño(a) avance exitosamente mediante la práctica hasta dominar los conceptos progresando gradualmente. Los (las) instructores(as) cuidadosamente asignan tareas a sus alumnos(as) y supervisan su progreso de acuerdo a las destrezas o necesidades individuales.

Los (Las) estudiantes asisten usualmente a un centro Kumon dos veces por semana y se les asignan tareas para que practiquen en casa los restantes cinco días. Las tareas requieren aproximadamente de veinte minutos.

Kumon ayuda a estudiantes de todas las edades y con diferentes aptitudes a dominar los fundamentos básicos de una asignatura, mejorar sus hábitos de estudio y la concentración y adquirir mayor confianza.

¿Cómo comenzó Kumon?

HACE 50 AÑOS, EN JAPÓN, Toru Kumon, un padre y maestro, encontró la forma de ayudar a su hijo Takeshi a mejorar su rendimiento académico. Siguiendo los consejos de su esposa, Kumon desarrolló una serie de ejercicios cortos que su hijo podría completar exitosamente en menos de veinte minutos diarios, los cuales ayudaron poco a poco a que la matemática le resultara más fácil. Ya que cada ejercicio era ligeramente más complicado que el anterior, Takeshi pudo adquirir el dominio necesario de las destrezas matemáticas mientras aumentaba su confianza para seguir avanzando.

El hijo de Kumon tuvo tanto éxito con este método único y autodidacta, que Takeshi pudo realizar operaciones matemáticas de cálculo diferencial e integral en sexto grado. El Sr. Kumon, conociendo el valor de una buena comprensión lectora, desarrolló un programa de lectura utilizando el mismo método. Estos programas constituyen la base y la inspiración que los centros Kumon ofrecen en la actualidad bajo la guía experta de instructores(as) profesionales del método Kumon.

Sr. Toru Kumon
Fundador de Kumon

¿Cómo puede ayudar Kumon a mi hijo(a)?

Kumon está diseñado para niños(as) de todas las edades y aptitudes. Kumon ofrece un programa efectivo que desarrolla las destrezas y aptitudes más importantes, de acuerdo a las fortalezas y necesidades de cada niño(a), ya sea que usted quiera que su hijo(a) mejore su rendimiento académico, que tenga una base sólida de conocimientos, o resolver algún problema de aprendizaje, Kumon le ofrece un programa educativo efectivo para desarrollar las principales destrezas y aptitudes de aprendizaje, tomando en cuenta las fortalezas y necesidades individuales de cada niño(a).

¿Qué hace que Kumon sea tan diferente?

Kumon está diseñado para facilitar la adquisición de hábitos y destrezas de aprendizaje para mejorar el rendimiento académico de los (las) niños(as). Es por esto que Kumon no utiliza un enfoque de educación tradicional ni de tutoría. Este enfoque hace que el (la) niño(a) tenga éxito por sí mismo, lo cual aumenta su autoestima. Cada niño(a) avanza de acuerdo a su capacidad e iniciativa para alcanzar su máximo potencial, ya sea que usted utilice nuestro método y programa como un medio correctivo o para enriquecer los conocimientos académicos de su hijo(a).

¿Cuál es el rol del (de la) instructor(a) de Kumon?

Los (Las) instructores(as) de Kumon se consideran mentores(as) y tutores(as), y no profesores(as) en un sentido clásico. Su rol principal es el de proporcionar al (a la) estudiante el apoyo y la dirección que lo (la) guiará a desempeñarse al 100% de su capacidad. Además de su entrenamiento riguroso en el método Kumon, todos los (las) instructores(as) Kumon comparten la misma pasión por la educación y el deseo de ayudar a los (las) niños(as) a alcanzar el éxito.

KUMON FOMENTA:

- El dominio de las destrezas básicas de las matemáticas y de la lectura.
- Una mejora en el nivel de concentración y los hábitos de estudio.
- Un aumento de la confianza y la disciplina del (de la) alumno(a).
- El alto nivel de calidad y profesionalismo en todos nuestros materiales.
- El desempeño del máximo potencial de cada uno(a) de nuestros(as) alumnos(as).
- Un sentimiento agradable de logro.

▶▶ **COMENZAR CON KUMON ES FÁCIL.** Simplemente llámenos o visite nuestra página en Internet para solicitar nuestro folleto informativo y localizar un centro Kumon cerca de usted. Un(a) instructor(a) certificado(a) le atenderá con gusto, le explicará cómo funciona Kumon, le ayudará a manejar las necesidades de su hijo(a) y le pasará un examen de ubicación gratuito. ¡Contáctenos hoy mismo!

USA o Canada	800-ABC-MATH (English only)	www.kumon.com
Argentina	54-11-4779-1114	www.kumonla.com
Colombia	57-1-635-6212	www.kumonla.com
Chile	56-2-207-2090	www.kumonla.com
España	34-902-190-275	www.kumon.es
Mexico	01-800-024-7208	www.kumon.com.mx

Toronja

A los Padres

Su hijo(a) aprenderá a determinar la forma de una figura y pegarla en el lugar correcto de la ilustración. El área en blanco donde se colocará la pieza es un poco más pequeña que ésta. Esto disimulará cualquier error al cortar y pegar si su hijo(a) aún no pudo hacerlo con precisión. Por favor recorte la parte inferior del papel para que su hijo(a) corte con más facilidad.

■ Corta la figura de abajo y pégala en la ilustración para completar la imagen.

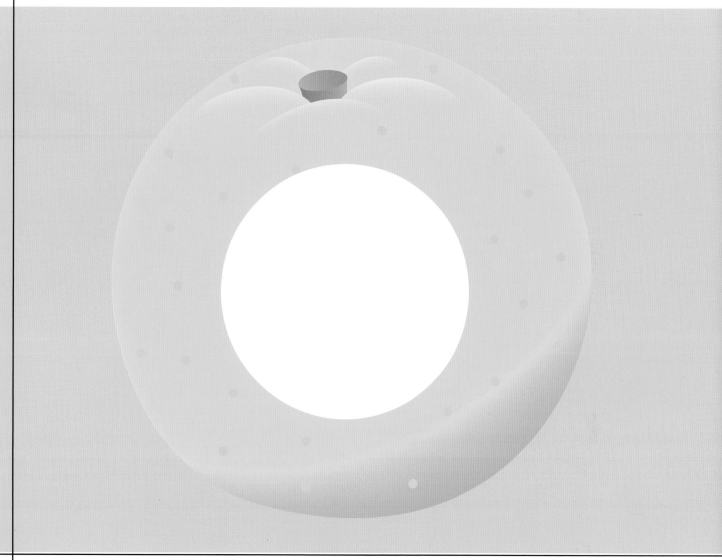

＊Padres: por favor cortar la página sobre esta línea.

＊Padres: por favor cortar la página sobre esta línea.

2

Manzana

■ Corta la figura de abajo y pégala en la ilustración para completar la imagen.

3 Naranja

■Corta la figura de abajo y pégala en la ilustración
para completar la imagen.

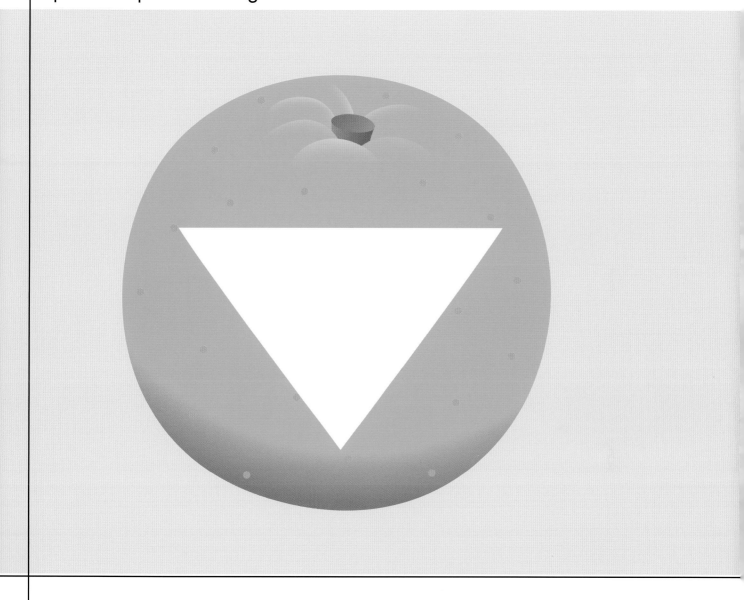

Pepino

■ Corta la figura de abajo y pégala en la ilustración para completar la imagen.

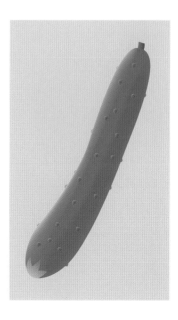

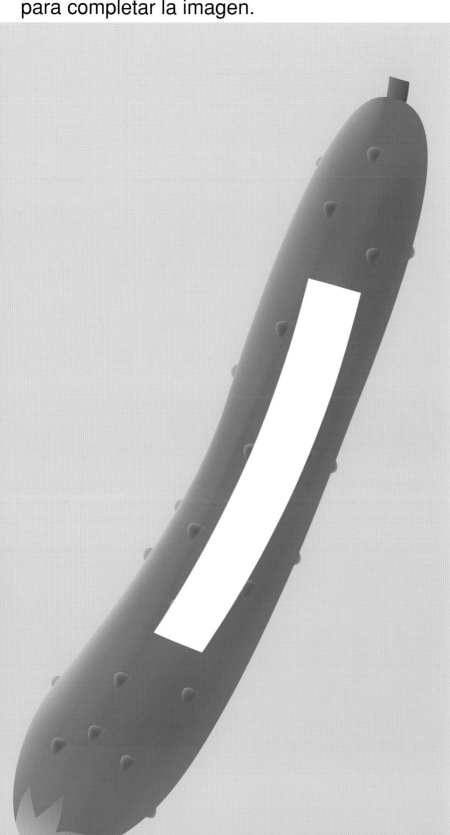

A los padres
La forma de esta figura puede constituir un reto para los (las) niños(as) con dificultades para cortar y pegar con precisión. No se preocupe si lo que su hijo(a) recorta está un poco torcido o no está perfectamente cortado. Al contrario, felicite a su hijo(a) y anímelo(la) por su esfuerzo para aprender a cortar y pegar. Si su hijo(a) tiene demasiados problemas para cortar la figura, ofrézcale su ayuda y anímelo(la) a pegarla en la parte correcta de la ilustración.

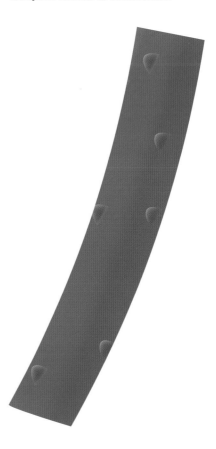

5 Cerdo

A los padres
A partir de esta página, su hijo(a) aprenderá a agrupar y ordenar los rasgos principales de las caras de los animales. Usted puede animarlo(a) a alinear las diferentes figuras en el lugar apropiado de la cara para averiguar cómo se verá antes de pegar las partes. Anime mucho a su hijo(a) por su esfuerzo.

■ Corta las figuras de abajo y pégalas en la cara del cerdo.

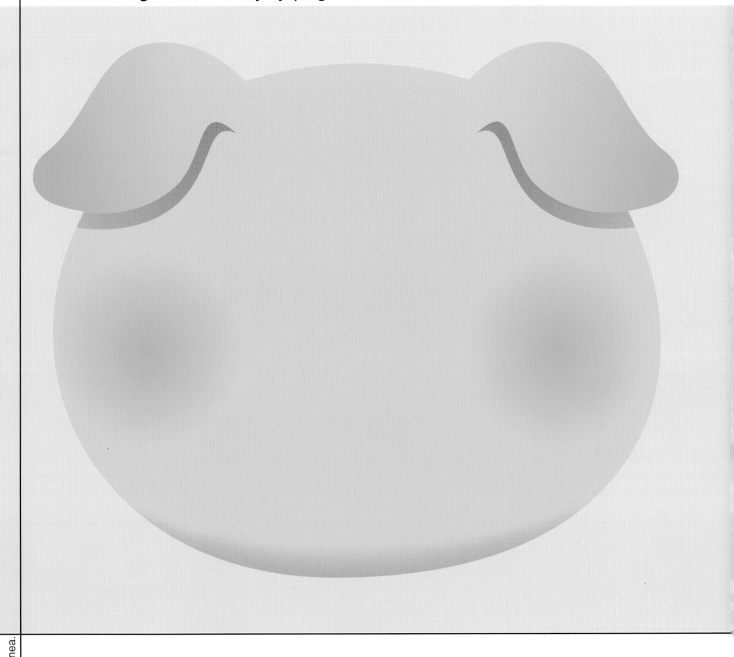

✳Padres: por favor cortar la página sobre esta línea.

 **Gorila**

■ Corta las figuras de abajo y pégalas en la cara del gorila.

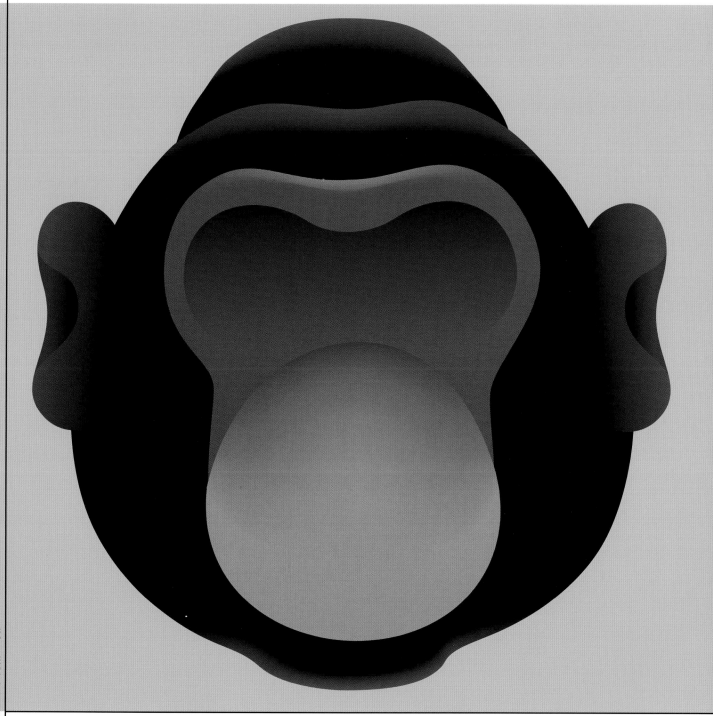

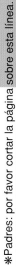

7 La hora del té

A los padres
Por favor anime a su hijo(a) a que observe cuidadosamente la ilustración de la derecha. Felicite a su hijo(a) cuando haya completado la imagen.

■ Corta las figuras de abajo y pégalas donde corresponde para completar la imagen.

✱Padres: por favor cortar la página sobre esta línea.

 **8** ¡A comer!

■ Corta las figuras de abajo y pégalas donde corresponde para completar la imagen.

✱Padres: por favor cortar la página sobre esta línea.

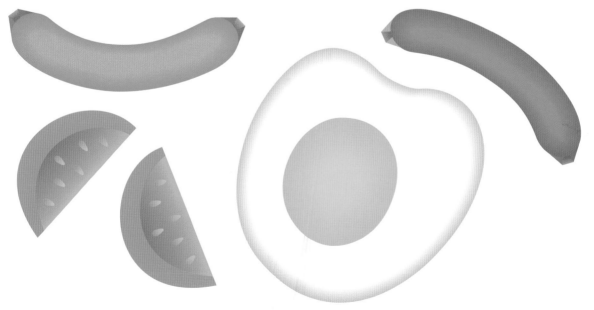

9

¡A patinar!

- Corta las figuras de abajo y pégalas donde corresponde para completar la imagen.

¡Juguemos béisbol!

■ Corta las figuras de abajo y pégalas donde
  corresponde para completar la imagen.

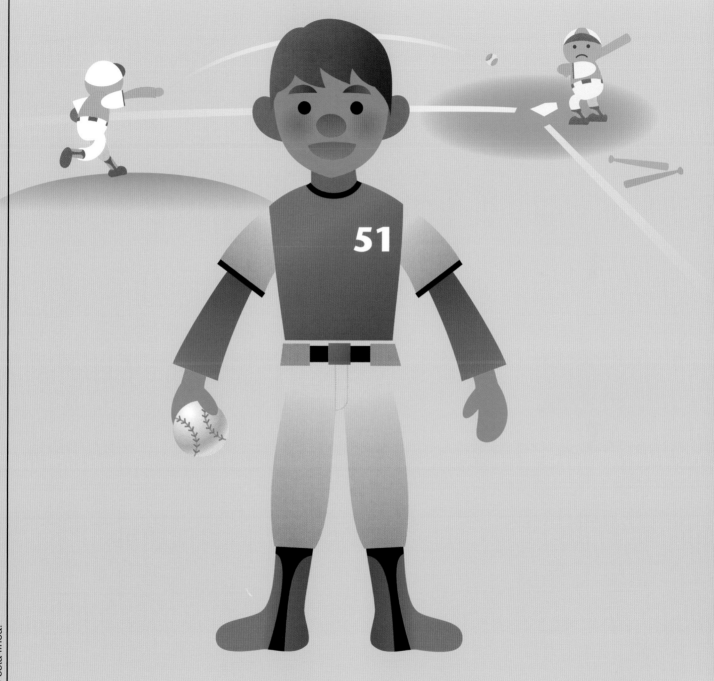

✳Padres: por favor cortar la página sobre esta línea.

Te ves un poco extraño...

A los padres

Por favor dígale a su hijo(a) que observe cuidadosamente la ilustración de la derecha de esta página. En los proyectos número 11 al 15 encontrará imágenes de pegamento en las páginas. Por favor asegúrese que su hijo(a) coloque el pegamento sobre estas imágenes. Felicite a su hijo(a) por su esfuerzo cuando haya completado la figura.

■ Corta las partes de los animales en la derecha y pégalas donde corresponde.

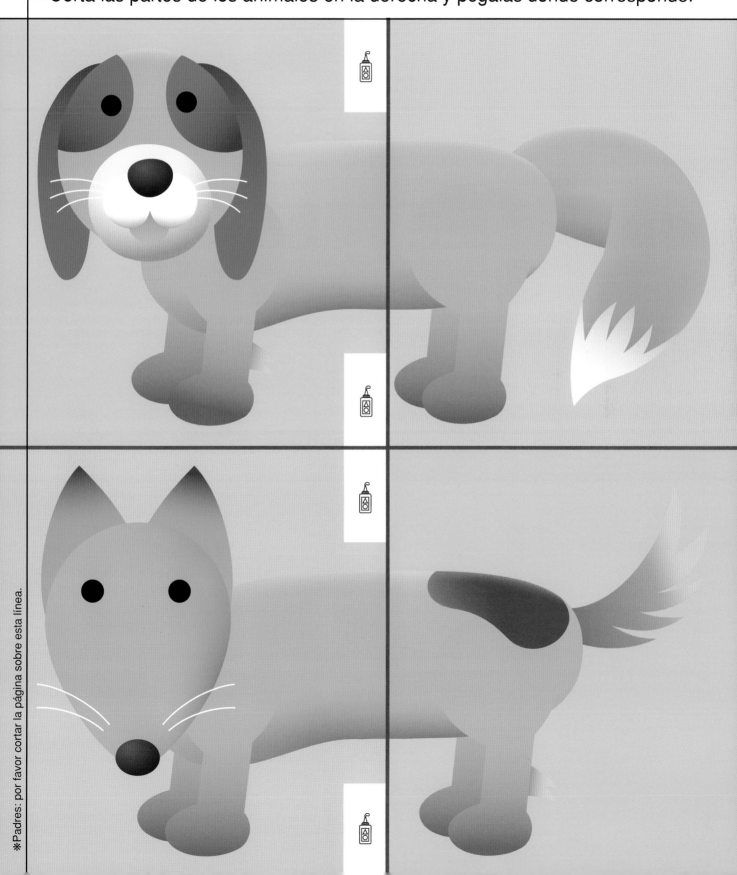

*Padres: por favor cortar la página sobre esta línea.

Te ves un poco extraño...

■ Corta las partes de los animales en la derecha y pégalas donde corresponde.

*Padres: por favor cortar la página sobre esta línea.

Te ves un poco extraño...

■ Corta las partes de los animales de la derecha y pégalas donde corresponde.

*Padres: por favor cortar la página sobre esta línea.

Te ves un poco extraño...

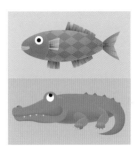

■ Corta las partes de los animales de la derecha y pégalas donde corresponde.

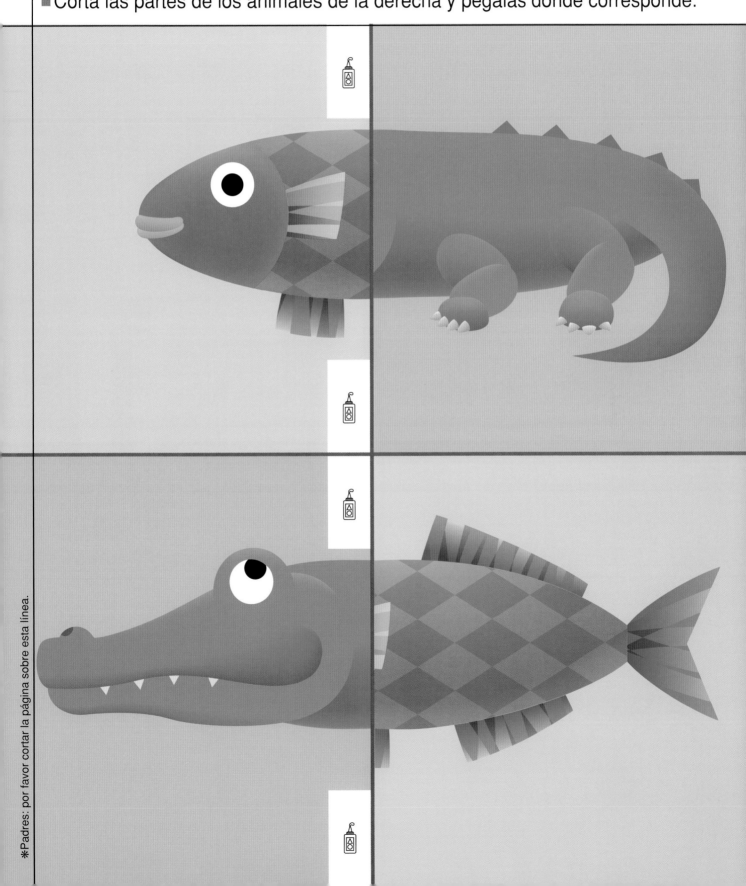

*Padres: por favor cortar la página sobre esta línea.

Te ves un poco extraño...

■Corta las partes de los animales de la derecha y pégalas donde corresponde.

Perro dogo (Buldog)

En los proyectos del 16 al 21, su hijo(a) pegará una pieza sobre otra. Asegúrese que su hijo(a) pegue cada pieza sobre el número que le corresponde, en orden. Si su hijo(a) no puede determinar el orden de las piezas, pegue usted mismo algunas piezas para darle una idea.

■ Corta las partes de abajo y pégalas en orden numérico para completar la imagen.

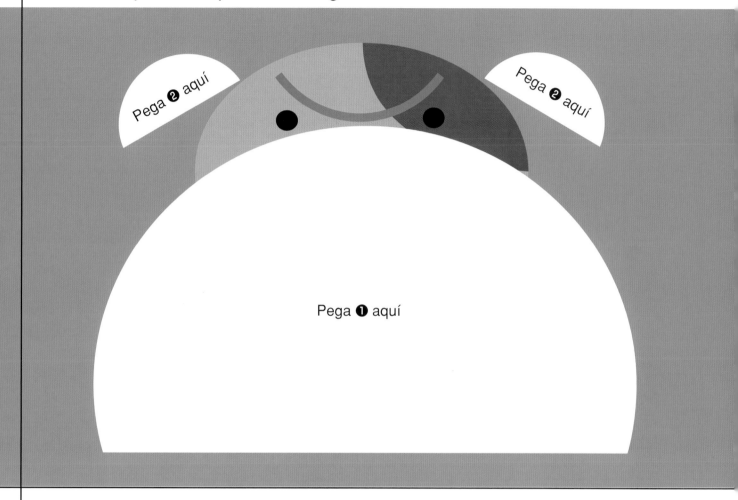

Pega ❷ aquí

Pega ❷ aquí

Pega ❶ aquí

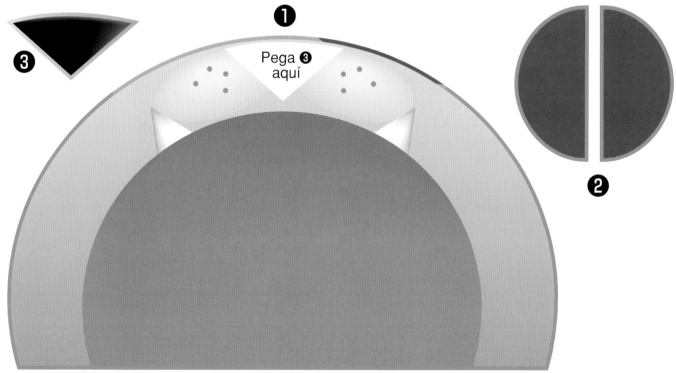

❶

❸

Pega ❸ aquí

❷

✱Padres: por favor cortar la página sobre esta línea.

Tigre

■ Corta las figuras de abajo y pégalas en orden numérico para completar la imagen.

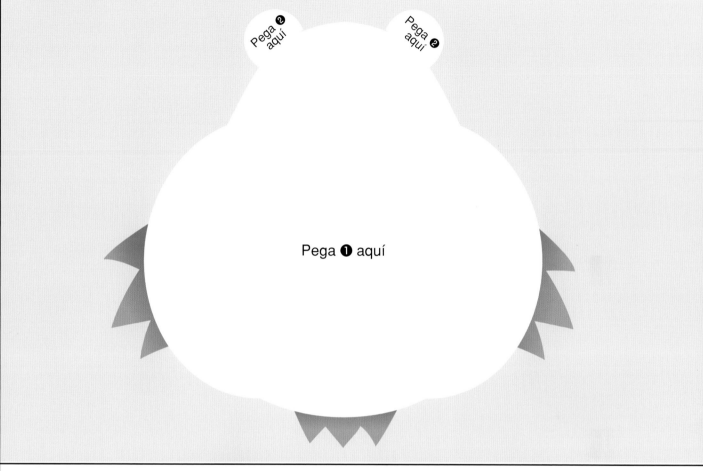

Pega ❷ aquí

Pega ❷ aquí

Pega ❶ aquí

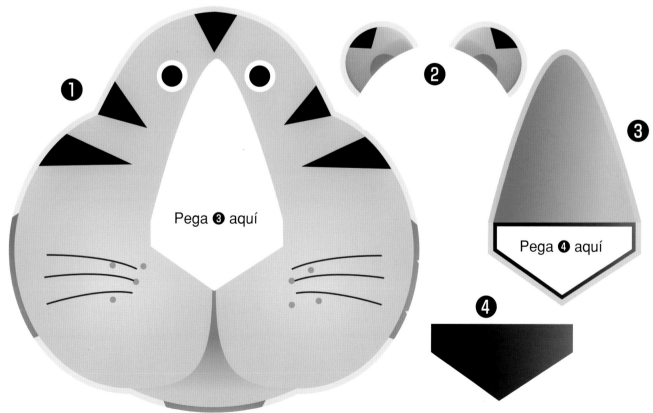

❶

❷

❸

Pega ❸ aquí

Pega ❹ aquí

❹

18 León

■ Corta las figuras de abajo y pégalas en orden numérico para completar la imagen.

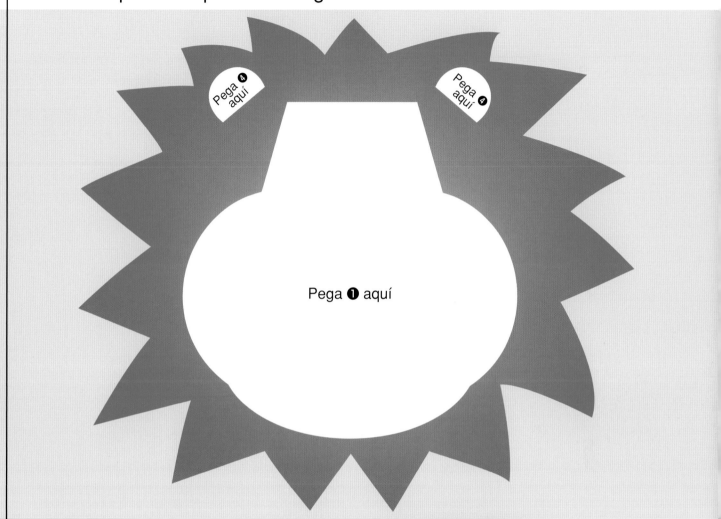

Pega ❹ aquí

Pega ❹ aquí

Pega ❶ aquí

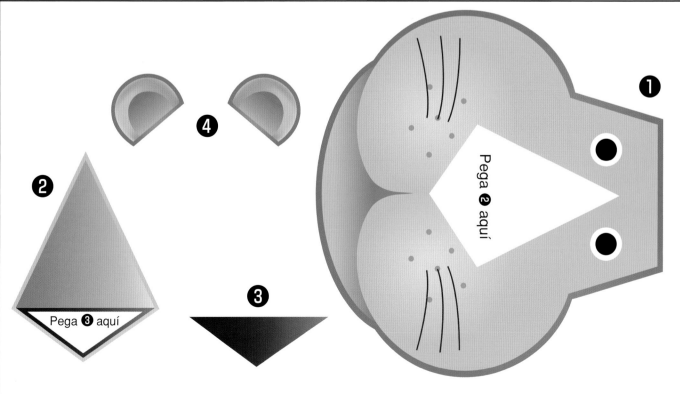

Pega ❷ aquí

Pega ❸ aquí

❶

❷

❸

❹

＊Padres: por favor cortar la página sobre esta línea.

Mapache

■ Corta las figuras de abajo y pégalas en orden numérico para completar la imagen.

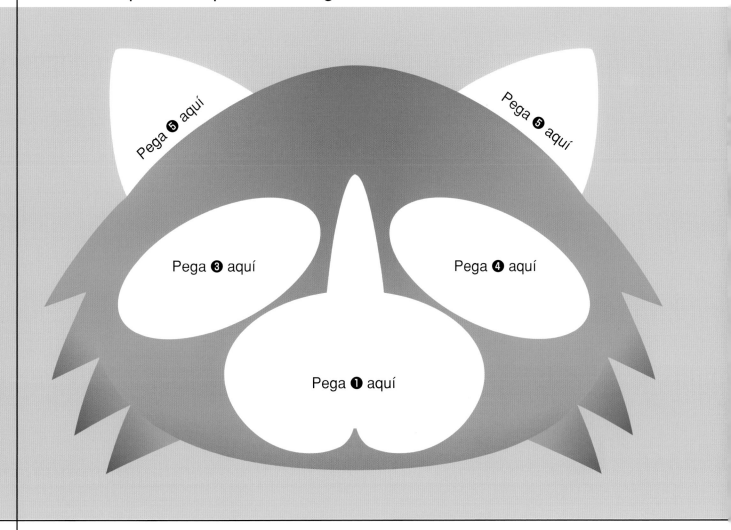

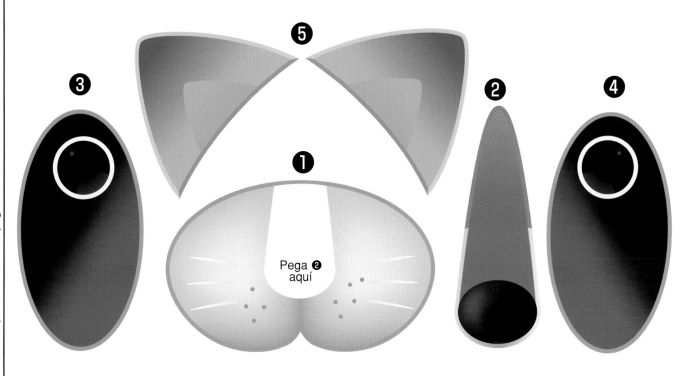

 **Rana**

■ Corta las figuras de abajo y pégalas en orden numérico para completar la imagen.

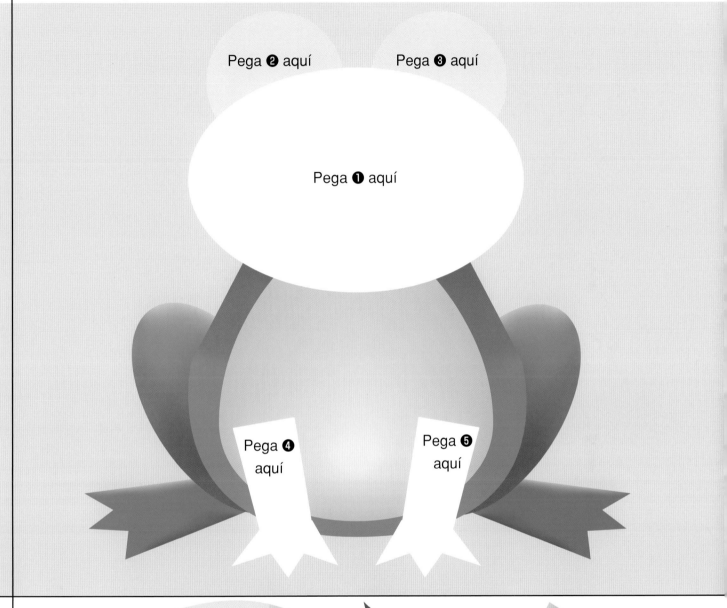

Pega ❷ aquí   Pega ❸ aquí

Pega ❶ aquí

Pega ❹ aquí   Pega ❺ aquí

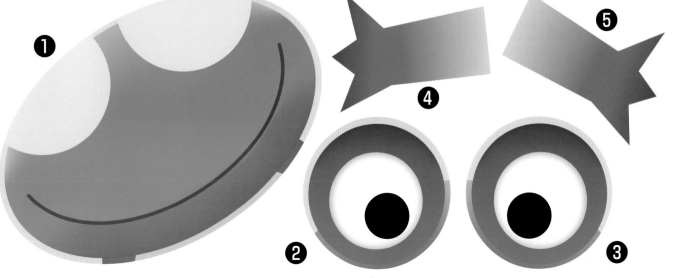

21 Águila

■ Corta las figuras de abajo y pégalas en orden numérico para completar la imagen.

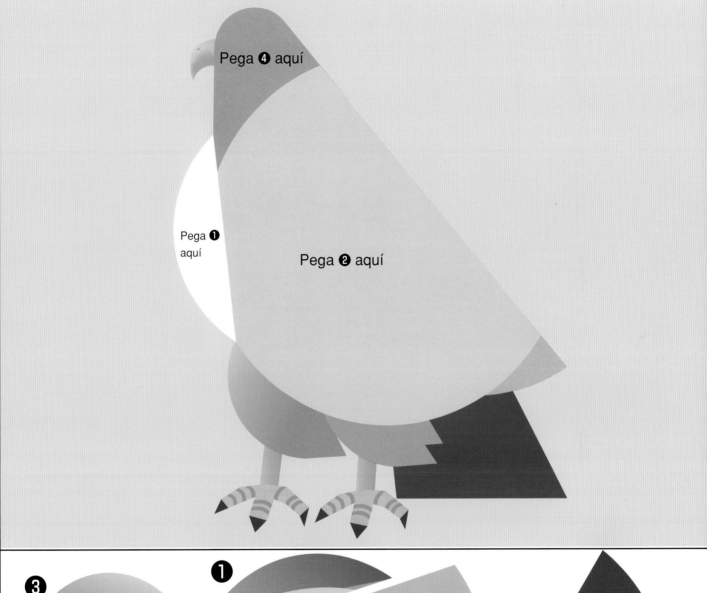

Pega ❹ aquí

Pega ❶ aquí

Pega ❷ aquí

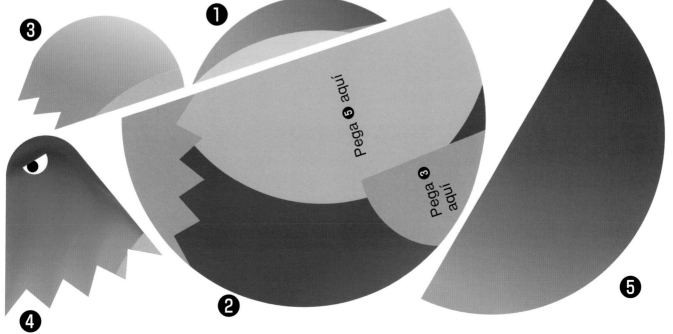

❸

❶

Pega ❺ aquí

Pega ❸ aquí

❹

❷

❺

El doctor

A los padres
Indique a su hijo(a) que vea cuidadosamente la ilustración antes de empezar a pegar. Si se le hace difícil encontrar la posición correcta de cada pieza, ofrézcale su ayuda para mostrarle la dirección correcta.

■ Corta las piezas de abajo y pégalas para completar la imagen.

*Padres: por favor cortar la página sobre esta línea.

El policía

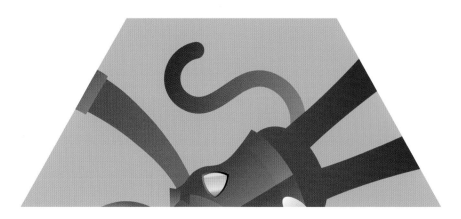

■ Corta las piezas de abajo y pégalas para completar la imagen.

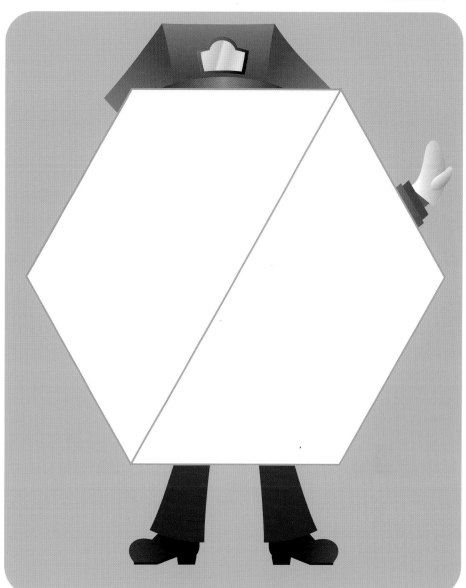

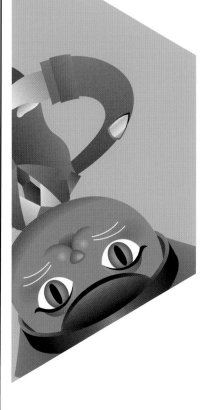

El bombero

■ Corta las piezas de abajo y pégalas para completar la imagen.

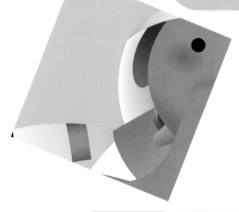

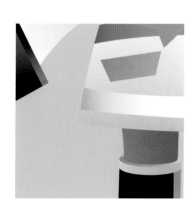

Jugador de baloncesto

■ Corta las piezas de abajo y pégalas para completar la imagen.

Jugador de fútbol americano

■ Corta las piezas de abajo y pégalas para completar la imagen.

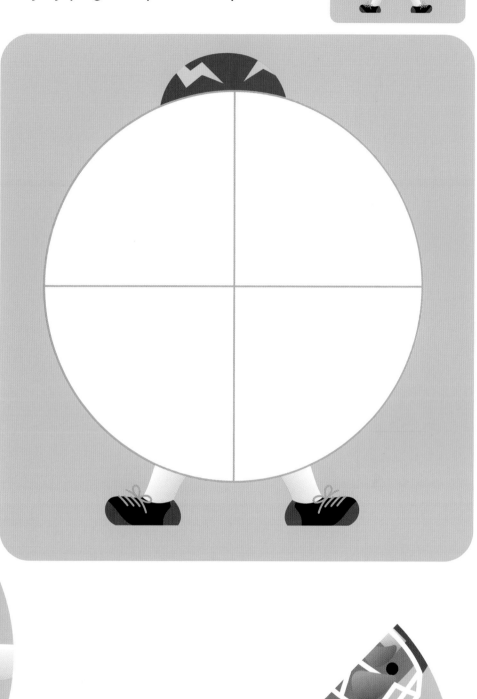

Jugador de béisbol

■ Corta las piezas de abajo y pégalas para completar
  la imagen.

¿Qué hay en el árbol?

■ Corta las piezas de abajo y pégalas para completar la imagen.

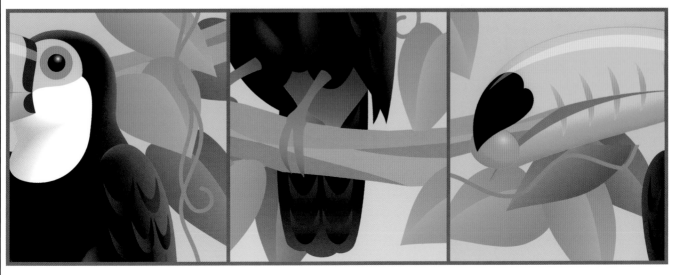

En el mar

■ Corta las piezas de abajo y pégalas para completar la imagen.

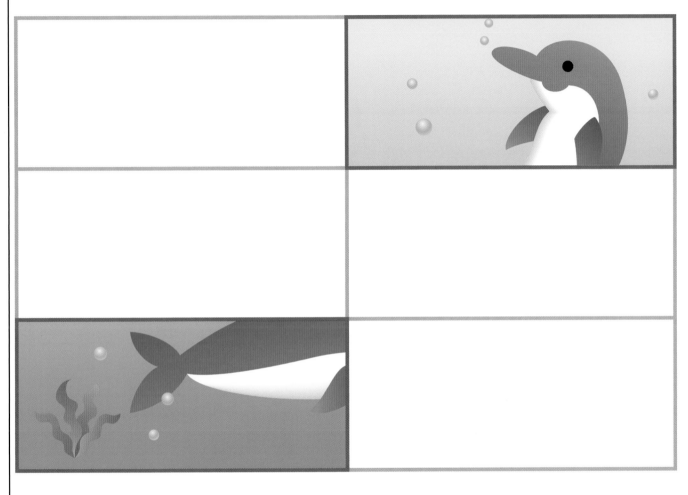

En la feria

■ Corta las piezas de abajo y pégalas para completar la imagen.

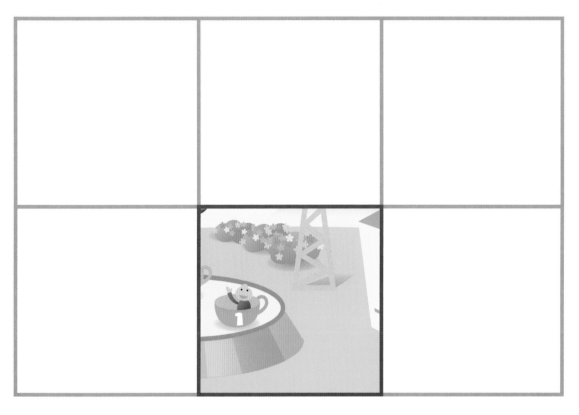

En el circo

■ Corta las piezas de abajo y pégalas para completar la imagen..

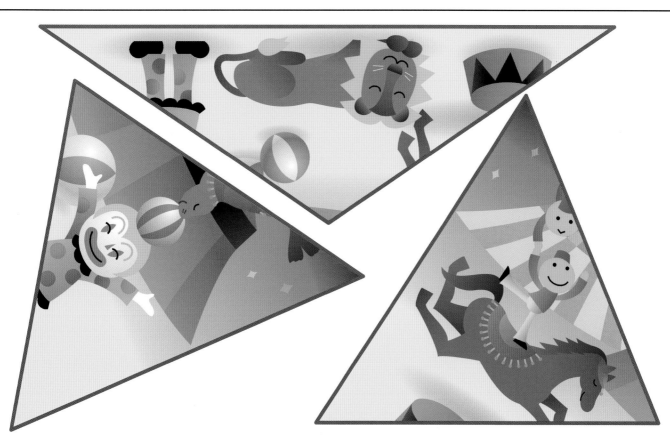

La banda
de música

■ Corta las piezas de abajo y pégalas para completar la imagen.

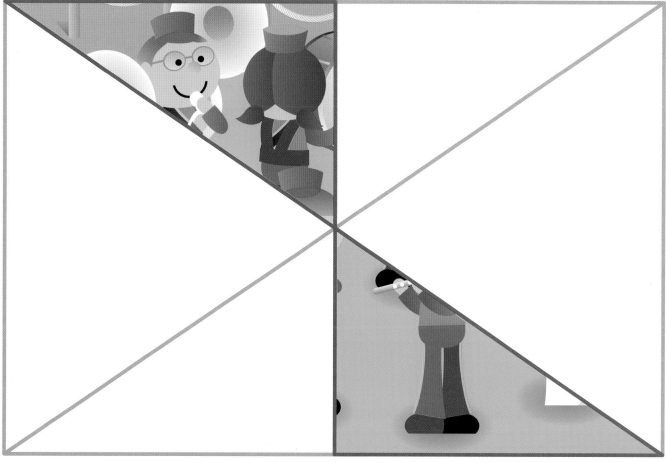

La flor

■ Corta las piezas de abajo y pégalas para completar la imagen.

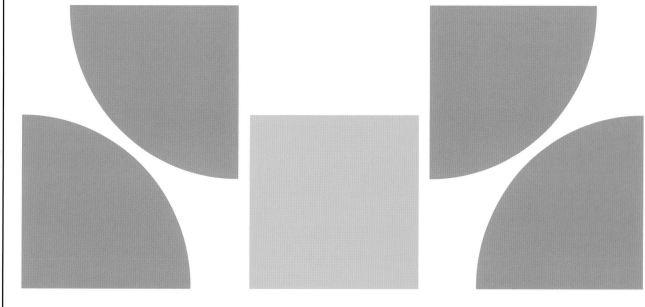

La estrella

A los padres

A partir de esta página su hijo(a) aprenderá a ordenar y combinar diferentes formas y figuras para completar una imagen. Indique a su hijo(a) que combine las partes de esta página para completar la imagen como se muestra arriba. Si se le hace difícil este ejercicio, oriéntelo(a) con algunas pistas.

■ Corta las piezas de abajo y pégalas para completar la imagen.

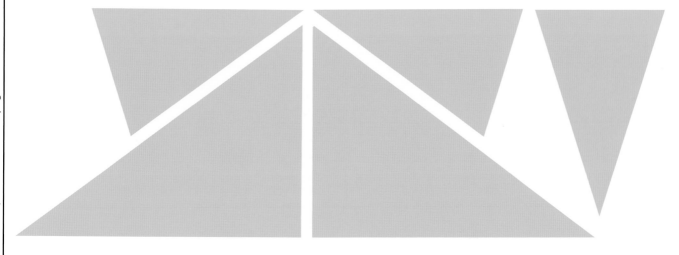

 **El corazón**

■ Corta las piezas de abajo y pégalas para completar la imagen.

La nave espacial

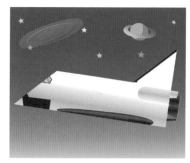

■ Corta las piezas de abajo y pégalas para completar la imagen.

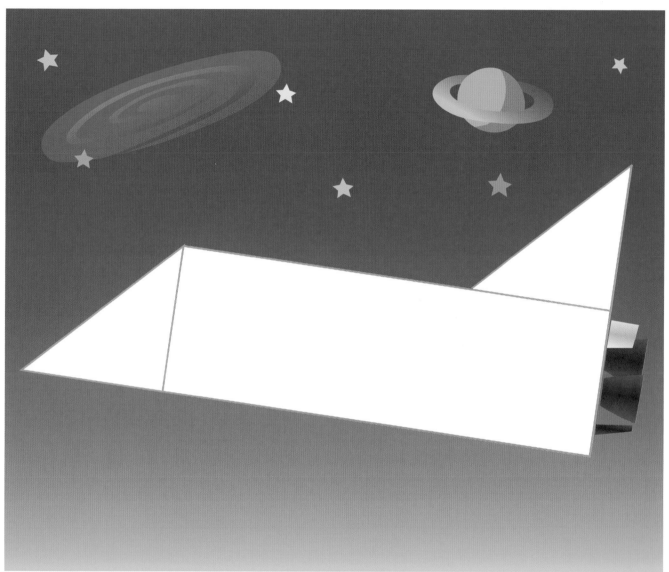

✳Padres: por favor cortar la página sobre esta línea.

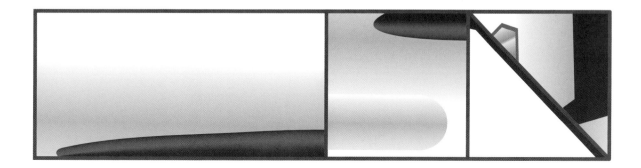

37 El gato

■ Corta las piezas de abajo y pégalas para completar la imagen.

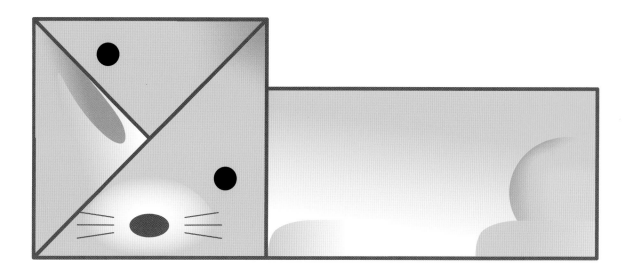

38 El pez

■ Corta las piezas de abajo y pégalas para completar la imagen.

*Padres: por favor cortar la página sobre esta

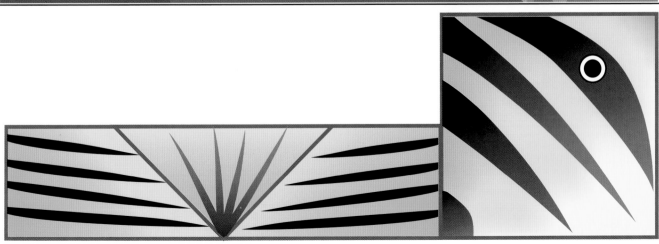

El canguro

■ Corta las piezas de abajo y pégalas para completar la imagen.

La casa

A los padres
¿Cree que su hijo(a) ha disfrutado de cortar y pegar? Por favor felicítelo(a) por su esfuerzo y por su logro

■ Corta las piezas de abajo y pégalas para completar la imagen.

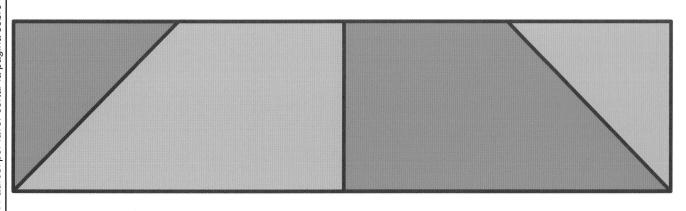

KUM◯N

Diploma de Cumplimiento

y se le felicita por haber terminado

Mi primer libro de Cortar y Pegar

Dado el _____ , 20 ___

_____
Padre o tutor(a)